BEI GRIN MACHT SICH IHR WISSEN BEZAHLT

- Wir veröffentlichen Ihre Hausarbeit, Bachelor- und Masterarbeit

- Ihr eigenes eBook und Buch - weltweit in allen wichtigen Shops

- Verdienen Sie an jedem Verkauf

Jetzt bei www.GRIN.com hochladen und kostenlos publizieren

Bibliografische Information der Deutschen Nationalbibliothek:

Die Deutsche Bibliothek verzeichnet diese Publikation in der Deutschen Nationalbibliografie; detaillierte bibliografische Daten sind im Internet über http://dnb.d-nb.de/ abrufbar.

Dieses Werk sowie alle darin enthaltenen einzelnen Beiträge und Abbildungen sind urheberrechtlich geschützt. Jede Verwertung, die nicht ausdrücklich vom Urheberrechtsschutz zugelassen ist, bedarf der vorherigen Zustimmung des Verlages. Das gilt insbesondere für Vervielfältigungen, Bearbeitungen, Übersetzungen, Mikroverfilmungen, Auswertungen durch Datenbanken und für die Einspeicherung und Verarbeitung in elektronische Systeme. Alle Rechte, auch die des auszugsweisen Nachdrucks, der fotomechanischen Wiedergabe (einschließlich Mikrokopie) sowie der Auswertung durch Datenbanken oder ähnliche Einrichtungen, vorbehalten.

Impressum:

Copyright © 2015 GRIN Verlag
Druck und Bindung: Books on Demand GmbH, Norderstedt Germany
ISBN: 9783668822689

Dieses Buch bei GRIN:

https://www.grin.com/document/446038

Rosina Saß

Analyse handelsbasierter und monetärer Regionalisierungsformen anhand ausgewählter Fallbeispiele

GRIN Verlag

GRIN - Your knowledge has value

Der GRIN Verlag publiziert seit 1998 wissenschaftliche Arbeiten von Studenten, Hochschullehrern und anderen Akademikern als eBook und gedrucktes Buch. Die Verlagswebsite www.grin.com ist die ideale Plattform zur Veröffentlichung von Hausarbeiten, Abschlussarbeiten, wissenschaftlichen Aufsätzen, Dissertationen und Fachbüchern.

Besuchen Sie uns im Internet:

http://www.grin.com/

http://www.facebook.com/grincom

http://www.twitter.com/grin_com

Freie Universität Berlin
Otto- Suhr- Institut für Politikwissenschaft
Schwerpunkt Internationale Politische Ökonomie

Analyse handelsbasierter und monetärer Regionalisierungsformen anhand ausgewählter Fallbeispiele

Ausgearbeitetes Referat im Rahmen des
PS 15163: Regionalismus in den globalen Wirtschaftsbeziehungen
im Sommersemester 2015

Rosina Saß
Monobachelor Politikwissenschaft

2. Fachsemester

Inhaltsverzeichnis

1. Einleitung 1

2. Formen regionaler Kooperation 2

   2.1 Handelskooperation 2

   2.2 Monetäre Kooperation 4

   2.3 Zwischenfazit 5

3. Fallbeispiele 5

   3.1 North American Free Trade Agreement 6

   3.2 East African Community Monetary Union 7

   3.3 Dollarisierung Ecuadors 8

4. Fazit 9

Literaturverzeichnis 12

1. Einleitung

Seit Ende der 1980er Jahre zeigt sich eine verstärkte Tendenz zur regionalen Verdichtung internationaler Wirtschaftsbeziehungen, die sich immer weiter fortsetzt. Bela Balassa (2011, ©1961, S. 1) definiert diese Art von Regionalisierung wie folgt: *"We propose to define economic integration as a process and as a state of affairs. Regarded as a process, it encompasses measures designed to abolish discrimination between economic units belonging to different national states; viewed as a state of affairs, it can be represented by the absence of various forms of discrimination between national economies."*
Der beschriebene Prozess ist Balassa (2011, ©1961) zufolge in fünf Schritte unterteilt und beginnt mit einer Freihandelszone. Der nächste Schritt ist die Zollunion, gefolgt von einem gemeinsamen Binnenmarkt in der integrierten Region. Als nächste Integrationsstufe sieht das Modell die Kooperation auf monetärer Ebene mit einer finalen Währungsunion vor. Der letzte Schritt zur vollendeten Integration ist die politische Union der beteiligten Staaten. Tatsächlich entsprechen einige regionale Abkommen dieser Vorstellung. Als Musterbeispiel gilt hier die Europäische Union (EU), deren Aufbau mit der Kooperation im Handelsbereich begann, als 1952 die Europäische Gemeinschaft für Kohle und Stahl gegründet wurde. 1967 wurde diese zur Europäischen Gemeinschaft (EG) erweitert und 1968 wurde die Zollunion im gewerblichen Bereich verwirklicht. Den nächsten Schritt in Balassas Modell erreichte die EU[1] 1993 mit dem Inkrafttreten des Binnenmarktes. 2002 wurde mit dem Euro die Währungsunion eingeführt und auch erste Schritte in Richtung politische Union sind mit Institutionen wie dem Europäischen Parlament bereits getan.
Jedoch folgen nicht alle regionalen Abkommen diesem Beispiel. So gab und gibt es seit 1960 rund dreimal so viele regionale Handelsabkommen wie monetäre Kooperationen. Daraus ergibt sich die Frage „Why doesn't regional monetary cooperation follow trade cooperation?", die sich Scott Cooper in seiner gleichnamigen Abhandlung zum Thema Regionalismus stellt (Cooper 2007). Diese Frage soll im Folgenden beantwortet werden. Dazu wird zunächst auf die zwei unterschiedlichen Formen der Kooperation eingegangen, um ihre grundlegenden Charakteristika festzustellen. Im folgenden Zwischenfazit werden die Schlüsse aus

---

[1] Seit 1993 wird die EG als EU bezeichnet.

den verschiedenen Eigenschaften gezogen. Anschließend werden einige regionale Abkommen analysiert, die nicht Balassas Modell entsprechen. Zum einen das North American Free Trade Agreement (NAFTA), welches seit 1994 besteht. In dieser Region besteht nun seit mehr als 20 Jahren eine regionale Handelskooperation, jedoch wurden noch keinerlei Schritte in Richtung eines gemeinsamen Binnenmarktes oder gar einer Währungsunion unternommen. Zum anderen werden die East African Community Monetary Union (EACMU) und die Dollarisierung Ecuadors als Beispiele für eine monetäre Kooperation ohne oder nur mit geringer vorangehender Handelskooperation herangezogen. Diese Beispiele dienen der Unterstützung der zuvor gewonnenen Erkenntnisse und führen zu einem Fazit.

2. Formen regionaler Kooperation

Handels- und Währungskooperation treten oft als Formen regionaler Zusammenarbeit auf. Dabei verstärken kleinere Gruppen von Ländern, die meist geographisch nah beieinander liegen, ihre ökonomischen Beziehungen, um daraus Vorteile zu erwirtschaften. Die beiden Integrationsformen können entweder einzeln oder gemeinsam auftreten. Dafür gibt es je nach Integrationstyp verschiedene Ursachen und Wirkungen, die in den beiden folgenden Abschnitten erläutert werden.

2.1 Handelskooperation

Als Kooperation im Bereich Handel kann man die ersten drei Schritte in Balassas Modell verstehen (Freihandelszone, Zollunion und Binnenmarkt). Arbeiten Staaten im Bereich Handel zusammen, kann das viele Vorteile mit sich bringen. Durch die reduzierten Transaktionskosten und den somit vergrößerten Bereich an leichter zu erschließendem Markt, kann der Rationalisierungseffekt genutzt werden und es entstehen sogenannte „economies of scale". Um im verstärkten Wettbewerb mithalten zu können, müssen technische Innovationen geschaffen werden, welche die Wirtschaft kontinuierlich auf ein modernes Niveau bringen (Börzel 2011). Zusätzlich verbessern sich durch den gemeinsamen Markt die

Produktionsbedingungen, was auf mittelfristige Sicht zur Verbesserung der Wirtschaftsstruktur beiträgt (Koch 2006, S. 42). Außerdem werden innerhalb integrierter Regionen, die durch Handel verknüpft sind, mehr ausländische Direktinvestitionen getätigt. Dies hat auch einen positiven Effekt auf die Wirtschaftsleistung der Mitgliedstaaten. Insgesamt steigert sich das Gewicht der Mitgliedstaaten auf dem internationalen Markt und in internationalen politischen Institutionen (Börzel 2011).

Bei der Etablierung einer Handelskooperation besetzen ökonomische Akteure eine entscheidende Position, denn sie üben durch Lobbying Druck auf die Regierungen aus (Cooper 2007, S. 633). Besonders hoch ist dieser Druck beim sogenannten „exporter lobbying", welches stattfindet, wenn ein Staat von einer Handelskooperation ausgeschlossen ist und somit der Export in die Länder innerhalb der integrierten Region erschwert wird (Dür und Elsig, S. 9). Neben den Vorteilen liegen auch die Kosten für eine Integration im Bereich Handel zum Großteil direkt bei den Unternehmen, da ihr Absatzmarkt beeinflusst wird[2]. Daher sind die Präferenzen der Regierungen abhängig von den Effekten einer Handelskooperation auf betroffene Unternehmen (Cooper 2007, S. 633). Die Regierungen selbst tragen nur indirekt die Kosten, weil sie finanzielle und politische Unterstützung durch ökonomische Akteure verlieren, wenn sie nicht nach deren Interessen handeln. Profitieren ökonomische Akteure, so profitieren auch die Regierungen durch einen steigenden Wohlstand und damit zusammenhängende Zufriedenheit in der Bevölkerung (Cooper 2007, S. 627). Des Weiteren hat eine integrierte Handelsregion auch Auswirkungen auf die Konsumenten in den betroffenen Ländern. Durch den Wettbewerb werden die Produkte billiger, die Produktqualität besser und die Auswahl größer. Der Wettbewerb kostet aber auch inländische Arbeitsplätze und Profitspannen werden verkleinert (Cooper 2007, S. 644). Wird eine Kooperation im Bereich Handel angestrebt, sind also die treibenden Kräfte die ökonomischen Akteure. Die Regierungen sind lediglich für den Abschluss einer solchen Kooperation zuständig und müssen dafür die Interessen der ökonomischen Akteure berücksichtigen und die Folgen abwägen.

---

[2] z.B. Verlagerung des Handels von effizienten Herstellern außerhalb der Region zu weniger effizienten Herstellern innerhalb der Region, Gefährdung kleinerer Unternehmen durch erhöhten Wettbewerb

2.2 Monetäre Kooperation

Higgott (2002, S. 10) beschreibt monetäre Kooperation als eine Möglichkeit, Währung und Finanzmärkte zu stabilisieren, ohne zwischenstaatliche Handelsverbindungen zu formalisieren. Im Allgemeinen versteht man unter diesem Integrationstyp eine Kooperation im Bereich Währungspolitik, welche von der Anpassung von Wechselkursen über die Übernahme einer Fremdwährung (z.B. Dollarisierung) bis zur Währungsunion reicht. Als Gründe für eine solche Kooperation führt Cooper (2007, S. 628, 634) auf: ein vorhandenes Sicherheitsbedürfnis, ein erhofftes Wirtschaftswachstum oder die außenpolitische Verbindung zu wichtigen Verbündeten. Außerdem bekennen sich Regierungen mit einer monetären Kooperation glaubhaft zur Bekämpfung von Inflation. Auch das Bedürfnis von regional- politischem Symbolismus oder die Stärkung von bereits erfolgreichem Regionalismus können zu einer monetären Integration führen. Ein weiterer begünstigender Faktor ist eine frühere monetäre Kooperation, da diese und die damit verbundenen Institutionen die Kosten für eine neue Zusammenarbeit reduzieren können.

Mit der Schaffung einer neuen Währung geben die beteiligten Staaten die Souveränität und Macht über ihre eigene Währung ab (Higgott 2002, S. 10) und verlieren damit ein Symbol zur Entwicklung nationaler Identität. Um eine neue Währung zu konstruieren, wird immer ein Hegemon benötigt, der diese für seine Partner subventioniert. Die Münzerlöse der neuen Währung erhält entweder das Land, in dem das Geld produziert wird[3] oder sie werden auf die Mitgliedstaaten verteilt. In jedem Fall verlieren die Regierungen die Möglichkeit, die Münzerlöse über eine Vergrößerung des Geldvorrates zu erhöhen um eventuelle Lücken im Haushalt kurzzeitig zu schließen. Aber nicht nur die Geldproduktion wird abgegeben, sondern auch jegliche währungspolitische Entscheidungen werden an die errichteten regionalen Institutionen übertragen. Dies beinhaltet auch die Unterordnung der Staaten unter diese Organisationen, die teilweise unvorhersehbare Präferenzen haben. Des Weiteren müssen sich schwächere Staaten den stärkeren unterordnen und könnten eventuell unter feindlichen Interessen wie Ausbeutung leiden. Die daraus entstehende Unsicherheit gegenüber Münzerlösen, ausländischer Abhängigkeit und regionalen makroökonomischen Institutionen kann wiederum durch

---

[3] „anchor country"

eine frühere monetäre Kooperation eingedämmt werden. Die Abgabe der innerstaatlichen Währungspolitik vernichtet die Reaktionsmöglichkeiten der Regierungen auf wirtschaftliche Störungen, um den politischen Schaden zu begrenzen. Ebenso geht die Wechselkurskontrolle verloren. Monetäre Kooperationen sind zudem wesentlich schwieriger aufzulösen als Handelskooperationen, da die benötigte Zeit, der Aufwand und die Kosten einer Auflösung höher sind. Außerdem ist dieser Integrationstyp kostspieliger für die Regierungen, da Währungspolitik weniger ausschließbar ist und sie nicht beeinflussen können, welcher Effekt wo auftritt (Cooper 2007, S. 632ff).

Insgesamt sind bei monetärer Kooperation also die Regierungen die Hauptakteure. Sie müssen weitreichende Kompetenzen abgeben und die Kosten für die Integration tragen.

2.3 Zwischenfazit

Bisher ist aufgefallen, dass bei den beiden Integrationstypen verschiedene Akteure Kosten und Nutzen tragen. Bei einer Handelsintegration müssen vor allem die Interessen der ökonomischen Akteure berücksichtigt werden, während bei einer monetären Kooperation der Fokus auf den Regierungen liegt. Dadurch werden bei Handelskooperationen ganz andere Präferenzen gesetzt als bei monetärer Integration. Daraus lässt sich schließen, dass beide Integrationstypen verschiedenen Logiken folgen und nicht, wie in Balassas Modell, aufeinander aufbauen.

3. Fallbeispiele

Um die bisherigen Erkenntnisse zu überprüfen, werden im Folgenden drei Fallbeispiele analysiert. Diese sollen, die im Zwischenfazit getätigte Annahme, dass die beiden Integrationstypen verschiedenen Logiken folgen, unterstützen. Die in den Integrationstypen enthaltenen Präferenzen der Akteure sind Ursache für eine mehr oder minder ausgeprägte Handelskooperation. Gerade die beiden letzten Fallbeispiele sollen zeigen, dass Balassas Modell einer Erweiterung um diesen Punkt bedarf.

3.1 North American Free Trade Agreement

Seit der Gründung des North American Free Trade Agreement 1994 zwischen Kanada, den USA und Mexiko hat sich der Handel zwischen den Partnern mit 946,1 Milliarden US- Dollar im Jahr 2008 mehr als verdreifacht. 2013 werden täglich Waren im Wert von ca. 2,6 Milliarden gehandelt (naftanow.org 2013). Doch trotz dieser immensen Zusammenarbeit im Bereich Handel ist es in 21 Jahren Bestehen noch zu keiner monetären Kooperation gekommen, obwohl die NAFTA nach Balassas Modell ein „most- likely- case" für eine weiterführende Integration in Form einer Währungskooperation darstellt.

Der wohl auffälligste Grund dafür ist der Abstand in der Wirtschaftsentwicklung zwischen Mexiko auf der einen Seite und Kanada und den USA auf der anderen Seite (Arndt 2006, S. 272). So vernichten die Bedenken über politische Stabilität und wirtschaftliche Anpassung Mexikos die Möglichkeit einer Währungsunion (Crowley und Rowley, J. C. Robin 2002, S. 418). Zudem wird der Zentralbank Mexikos nicht das Niveau der Partner zugesprochen, was die Glaubwürdigkeit einer monetären Kooperation herabsetzen würde. Den gleichen Effekt hätte der niedrige Wert des Peso in einem Wechselkurssystem (Crowley und Rowley, J. C. Robin 2002, S. 443 ff). Außerdem schätzen sowohl Mexiko als auch Kanada die relativ unabhängige Finanzpolitik, die ihnen die freien Wechselkurse ermöglichen. Ebenso bestreitet vor allem die kanadische Zentralbank eine erfolgreiche Inflationspolitik mit niedrigen Inflationsraten, womit ein entscheidendes Argument für eine monetäre Kooperation wegfällt (Arndt 2006, S. 270). Für die USA würde eine monetäre Kooperation in Form einer Währungsunion die Aufgabe des US-Dollars als Symbol der amerikanischen Hegemonie und eine große Machtabgabe bedeuten. Gegen dieses Vorgehen spricht, dass in den USA Staatssouveränität oberste Priorität hat (Crowley und Rowley, J. C. Robin 2002, S. 431) und momentan ohnehin keine Bereitschaft zur Machtabgabe zu erkennen ist, da die politische Stimmung für eine monetäre Kooperation fehlt (Kerri Nyman 2005, S. 5). Betrachtet man die Einrichtung einer nordamerikanischen Währungsunion aus Sicht des Abkommens selbst, so fehlt jegliche historische und kulturelle Erfahrung mit institutionellen Konstruktionen (Crowley und Rowley, J. C. Robin 2002, S. 431). Neben einer nordamerikanischen Zentralbank müssten begleitende Institutionen ins Leben gerufen werden, um dieser Legitimität zu verleihen. Die Kosten für die Errichtung solcher Institutionen würden allerdings die Vorteile einer monetären Kooperation überwiegen (Chriszt 2000, S. 36). Dieses Beispiel zeigt, dass der Schritt zwischen Kooperation im Bereich Handel und Währung zum einen nicht selbstverständlich ist und zum anderen nicht leicht umzusetzen ist, da die beiden Kooperationstypen verschiedenen Logiken folgen. Im Fall NAFTA funktioniert die Handelsintegration gut, weil alle Partner davon profitieren und keine hohen Kosten für die Regierungen entstehen. Von einer monetären Integration würden allerdings nicht alle automatisch profitieren und die Kosten überwiegen den Nutzen.

3.2 East African Community Monetary Union

Am 30.11.1999 unterzeichneten Kenia, Uganda und Tansania den Vertrag zur Etablierung der East African Community (EAC), welcher 2007 Burundi und Ruanda beitraten. Im Gründungsvertrag ist von vorneherein die Entwicklung des Abkommens festgeschrieben: Zuerst soll eine Zollunion geschaffen werden, welche dann zu einem gemeinsamen Binnenmarkt erweitert wird, bevor es zur Währungsunion und schließlich zur politischen Union kommt. Der erste Schritt ist seit 2010 vollendet. Das Common Market Protocol wurde 2009 unterschrieben und soll zur vollendeten Errichtung eines Binnenmarktes im Jahr 2015 führen. Das Protokoll beinhaltet freien Güter-, Arbeits-, Personen-, Service und Kapitalverkehr sowie das Aufenthalts- und Veröffentlichungsrecht. Die Verhandlungen über die geplante Währungsunion haben im Januar 2011 begonnen und wurden mit der Unterzeichnung des Protokolls zur Herstellung einer Währungsunion im November 2013 beendet (Ruzuhuzwa 2012, S. 9f). Das Protokoll sieht eine gemeinsame Währung, die Einrichtung einer ostafrikanischen Zentralbank und die Harmonisierung der finanziellen Grundstruktur der Mitgliedstaaten vor. Die nationalen Zentralbanken übernehmen wie bisher die Betreibung der Fiskalpolitik. Dieses Paket soll innerhalb von 10 Jahren durchgesetzt werden (East African Community Secretariat 2014).

Formal läuft die Entwicklung der Region nach Balassas Modell, indem erst eine Handelsintegration stattfindet, bevor es zu einer monetären Kooperation kommt. In der Realität ist diese Handelsintegration aber sehr schwach, da viele Punkte des Common Market Protocols wie z.B. der Kapital- und Arbeitsverkehr noch nicht umgesetzt wurden (Institute of Economic Affairs - Kenya, S. 2). Außerdem gingen

2007 nur 17,5% der gesamten Exporte und nur 7% der Importe in die Region (Ruzuhuzwa 2012, S. 19). Die Motivation für eine Währungsunion ist also nicht die Handelsverflechtung. Vielmehr ist eine politische Union das Ziel. Hierfür wurde die Handelskooperation nur als Annäherung genutzt. Eine Währungsunion soll nun für reduzierte Transaktionskosten und minimierte Inflationsraten sorgen. Außerdem soll eine wirtschaftlich stabile Region geschaffen werden, um ausländische Direktinvestitionen anzulocken, die wiederum den wirtschaftlichen Aufschwung fördern und somit den Lebensstandard der Bevölkerung erhöhen. Zudem soll die Abfederung von Krisen erleichtert werden. Zur Beobachtung der Übereinstimmung makroökonomischer Abläufe in den Partnerstaaten und zur Preisstabilisierung wurden supranationale finanzielle Institutionen geschaffen (East African Community Secretariat 2014).

3.3 Dollarisierung Ecuadors

Seit 2000 bildet der US-Dollar die Währung in Ecuador und das Land betreibt keine eigenständige Geld- und Währungspolitik mehr. Zu dieser Entwicklung kam es 1999 durch den starken Wertverlust der ecuadorianischen Landeswährung, dem Sucre, welche innerhalb eines Jahres um 200% ihres Außenwertes gegenüber dem US-Dollar gefallen ist (Sangmeister 2002). Die Währungs-, Banken- und Finanzkrise wurde Ende 1997 durch natürliche sowie externe Schocks verursacht und äußerte sich vor allem durch die unkontrollierbare Entwicklung von Geldmenge, Inflation und Wechselkurs (Wolff 2003, S. 90). Alle krisenbewältigenden Maßnahmen der Regierung, wie z.B. Sparpakete und Einfrierung der Banken, führten zu Aufständen und einem enormen Vertrauensverlust seitens wirtschaftlicher Akteure gegenüber der Regierung, was den Fall des Sucre weiter beschleunigte. Als Präsident Witt am 9. Januar 2000 die feste Anbindung des Sucre an den US-Dollar ankündigt um eine Hyperinflation zu vermeiden, wird er vom Militär gestürzt. Mit der Machterlangung des bisherigen Vizepräsidenten Noboa, wird Witts Kurs fortgesetzt. Dies führt am 9. März zur Unterzeichnung eines Gesetzes, welches den Umtausch von 80% der Landeswährung in US-Dollar zu einem festen Wechselkurs von 25000 Sucre je US-Dollar vorsieht (Sangmeister 2002). So wird der US-Dollar zum 1. April 2000 als offizielles Zahlungsmittel in Ecuador eingeführt. Die Dollarisierung verspricht sinkende Zinssätze und Inflationsraten sowie den Wegfall des Wechselkursrisikos, was zu sinkenden Investitionskosten und stabileren Erträgen für Unternehmen führt, solange diese nicht stark auf wettbewerbsintensivem Export beruhen (Wolff 2003, S. 103). Aus diesem Grund könnte man auch annehmen, dass die politische Entscheidung für eine Dollarisierung den Zielen und Vorstellungen bestimmter Akteure, wie z.B. den Industrie- und Handelskammern, dient. Die Dollarisierung kann aber auch als nötige Reaktion auf die ökonomischen Verläufe und als einziger Ausweg zur Vermeidung von Inflation gesehen werden. Auch der Blickwinkel der politischen Entscheidung als „verzweifelter Selbstrettungsversuch einer Regierung kurz vor ihrem Ende" (Wolff 2003, S. 88) ist nicht uninteressant. Egal aus welcher Perspektive man die Dollarisierung betrachtet; sie geschah aus einer Banken- und Finanzkrise heraus und nicht etwa aus einem Integrationsinteresse. Die monetäre Kooperation zwischen Ecuador und den USA ist einseitig und ein Mittel zum Zweck. Trotz dem die USA der Haupthandelspartner von Ecuador ist, spielt eine Handelsverbindung bei dieser monetären Kooperation keine ausschlaggebende Rolle.

4. Fazit

Im ersten Teil der vorliegenden Arbeit hat sich herausgestellt, dass die Kostenverteilung bei den Kooperationsformen Handel und Währung unterschiedlich ist. Bei einer Handelskooperation werden die Kosten und Nutzen hauptsächlich von ökonomischen Akteuren getragen, während die Regierungen nur indirekt betroffen sind. Bei einer monetären Kooperation sind aber die Regierungen selbst die leidtragenden Akteure. Nach Cooper (2007) ist der Druck durch Interessengruppen auf die Regierung viel größer, wenn es darum geht, eine Kooperation im Bereich Handel einzugehen, als es bei einer monetären Kooperation der Fall ist, was die ungleiche Mengenverteilung der Regionalisierungsformen erklärt. Der größte Unterschied zwischen den beiden Kooperationsformen ist, dass bei monetären Kooperationen wesentlich mehr Macht seitens der Regierungen abgegeben werden muss. Dies ist auch der Grund, warum die Kosten bei einer monetären Integration so viel höher sind. Der Staat verliert nicht nur ein wichtiges nationales Symbol und Münzerlöse, sondern vor allem seine Unabhängigkeit und Entscheidungsmacht in der Finanz- und Währungspolitik. Somit schwindet die Möglichkeit, makroökonomische Anpassungen durchzuführen, um im Falle einer Krise den politischen Schaden zu begrenzen. Monetäre Kooperationen sind weiterhin seltener als Handelskooperationen, weil Währungspolitik weniger ausschließbar ist und die Umkehrbarkeit einer solchen Kooperation mit wesentlich mehr Zeit, Kosten und Aufwand verbunden ist (Cooper 2007). Den vielen, aus Regierungssicht, negativen Aspekten einer monetären Kooperation ist demnach geschuldet, dass diese nicht so oft auftritt, weil sie nur denkbar ist, wenn ein direkter Nutzen für die Regierungen entsteht. Im Falle der Dollarisierung Ecuadors besteht dieser direkte Nutzen in der versuchten „Selbstrettung" (Wolff 2003, S. 88) der Regierung. Auch die Vermeidung von Inflation hat die Entscheidung über eine Dollarisierung positiv geprägt. Die Ereignisse in Ecuador zeigen, dass eine monetäre Kooperation auch durchführbar ist, wenn keine Handelsintegration besteht. Allerdings handelt es sich hier um keinen typischen Regionalisierungsprozess. Das Beispiel zeigt lediglich, dass eine Währungskooperation nicht automatisch Folge einer Handelsintegration ist, sondern aus Balassas Modell herauslösbar ist und einzeln auftreten kann.

Bei der NAFTA fällt mit der gelungenen Inflationspolitik seitens Kanadas ein entscheidender Punkt für eine Währungskooperation weg (Arndt 2006). Hier wird bisher noch keine monetäre Kooperation eingegangen, weil die Kosten zu hoch sind und derzeit kein direkter Nutzen für die Regierungen erkennbar ist. Handelsintegration und monetäre Integration folgen oft dann aufeinander, wenn die Handelskooperation als erster Schritt zur Annäherung genutzt wird, wie bei der EACMU. Dieses Beispiel zeigt, dass die Reihenfolge in Balassas Integrationsmodell plausibel ist, aber die einzelnen Schritte nicht treibend für den jeweils nächsten Schritt sind. So kann eine Währungskooperation auch entstehen, obwohl nur eine geringe Handelsintegration vorhanden ist.

Insgesamt lässt sich also bestätigen, dass Handels- und Währungskooperation verschiedenen Logiken folgen und deswegen auf eine Handelsintegration nicht automatisch eine Währungsintegration folgt und eine monetäre Kooperation auch ohne Handelskooperation auftreten kann Dies begründet sich vor allem in den unterschiedlichen Arten der Kosten, die verschiedene Akteure betreffen. Balassas Modell sollte also um die Akteursperspektive erweitert werden, weil die Präferenzen der Akteure bestimmen, wie ausgeprägt die jeweilige Kooperationsform ist. Aus der Kosten- und Nutzenverteilung erklärt sich auch die starke Überzahl von

Handelskooperationen. Damit kommt die vorliegende Arbeit teilweise zu ähnlichen Erkenntnissen wie Cooper (2007), welcher die Leitfrage für diese Arbeit lieferte.

Literaturverzeichnis

Arndt, Sven W. (2006): Regional currency arrangements in North America. In: *IEEP* 3 (3-4), S. 265–280. DOI: 10.1007/s10368-006-0059-z.

Balassa, Bela (2011, ©1961): The theory of economic integration. Abingdon [England]: Routledge (Routledge revivals).

Börzel, Tanja A. (2011): Comparative Regionalism. A New Research Agenda. In: *KFG Working Paper Series* (28).

Chriszt, Michael (2000): Perspectives on a Potential North American Monetary Union. In: *Federal Reserve Bank of Atlanta, Economic Review*, S. 29–38.

Cooper, Scott (2007): Why doesn't regional monetary cooperation follow trade cooperation? In: *Review of International Political Economy* 14 (4), S. 626–652. DOI: 10.1080/09692290701475387.

Crowley, Patrick M.; Rowley, J. C. Robin (2002): Exchange- rate Arrangemenst for NAFTA: Should We Mimic the EU? In: *The International Trade Journal* XVI (4), S. 413–451.

Dür, Andreas; Elsig, Manfred: Trade Cooperation. The Purpose, Design and Effects of Preferential Trade Agreements.

East African Community Secretariat (2014): Tanzania Becomes First Partner State to Ratify EAC Monetary Union Protocol. Hg. v. East African Community. Arusha, Tansania. Online verfügbar unter http://www.eac.int/index.php?option=com_content&view=article&id=1601:-tanzania-becomes-first-partner-state-to-ratify-eac-monetary-union-protocol&catid=146:press-releases&Itemid=194, zuletzt geprüft am 15.09.2015.

Higgott, Richard (2002): From Trade Led to Monetary-Led Regionalism. Why Asia in the 21st Century will be Different to Europe in the 20th Century. In: *UNU/CRIS e-Working Papers*.

Institute of Economic Affairs - Kenya: Memorandum on the Protocol for the Establishment of the East African Community Monetary Union.

Kerri Nyman (2005): "THE AMERO" A United Currency for North America. In: *Western Undergraduate Economics Review*, S. 11–24.

Koch, Eckart (2006): Internationale Wirtschaftsbeziehungen. 3., vollst. überarb. und erw. Aufl. München: Vahlen.

naftanow.org (2013): Results : North Americans Are Better Off After 15 Years of NAFTA. Hg. v. NAFTA. NAFTA.

Ruzuhuzwa, Thomas Kigabo (2012): Towards a Common Currency in the Eastern African Community(EAC). Issues, Challenges and Prospects. Hg. v. United Nations Economic Commission for Africa. Sub- Regional Office for Eastern Africa. Kigali, Rwanda.

Sangmeister, Hartmut (2002): Finanzkrisen, Währungskrisen, Wirtschaftskrisen: Konstanten des lateinamerikanischen Entwicklungsprozesses? Hg. v. Bundeszentrale für politische Bildung.

Wolff, Jonas (2003): Bestimmungsfaktoren und Konsequenzen der offiziellen Dollarisierung in Lateinamerika. Eine politökonomische Analyse unter besonderer Berücksichtigung Ecuadors. Zugl.: Frankfurt am Main, Univ., Dipl.-Arb., 2002. Hamburg: Institut für Iberoamerika-Kunde (Beiträge zur Lateinamerikaforschung, 10).

BEI GRIN MACHT SICH IHR WISSEN BEZAHLT

- Wir veröffentlichen Ihre Hausarbeit, Bachelor- und Masterarbeit

- Ihr eigenes eBook und Buch - weltweit in allen wichtigen Shops

- Verdienen Sie an jedem Verkauf

Jetzt bei www.GRIN.com hochladen und kostenlos publizieren